Uni-Taschenbücher 672

UTB

Eine Arbeitsgemeinschaft der Verlage

Birkhäuser Verlag Basel und Stuttgart
Wilhelm Fink Verlag München
Gustav Fischer Verlag Stuttgart
Francke Verlag München
Paul Haupt Verlag Bern und Stuttgart
Dr. Alfred Hüthig Verlag Heidelberg
Leske Verlag + Budrich GmbH Opladen
J. C. B. Mohr (Paul Siebeck) Tübingen
C. F. Müller Juristischer Verlag – R. v. Decker's Verlag Heidelberg
Quelle & Meyer Heidelberg
Ernst Reinhardt Verlag München und Basel
F. K. Schattauer Verlag Stuttgart–New York
Ferdinand Schöningh Verlag Paderborn
Dr. Dietrich Steinkopff Verlag Darmstadt
Eugen Ulmer Verlag Stuttgart
Vandenhoeck & Ruprecht in Göttingen und Zürich
Verlag Dokumentation München

Wolf D. Oswald

Grundkurs Soziogramm

Eine programmierte Einführung
in Technik und Auswertung
für Pädagogen und Psychologen

Ferdinand Schöningh, Paderborn

Wolf D. Oswald, Dr. rer. pol. und Diplom-Psychologe, ist als Wiss. Rat und Professor Leiter der Abteilung für Psychologie an der Universität Stuttgart. Seine Forschungs- und Lehrschwerpunkte liegen im Bereich der differentiellen, der pädagogischen und der angewandten Psychologie.

Herstellung: Ferdinand Schöningh, Paderborn.

Einbandgestaltung: Alfred Krugmann, Stuttgart.

ISBN 3-506-99203-1

Inhalt

Vorwort

Dieses Lehrprogramm wurde entwickelt, um am Fachbereich Erziehungs- und Kulturwissenschaften der Universität Erlangen–Nürnberg, am Psychologischen Institut der Universität Salzburg sowie an der Abteilung für Psychologie der Universität Stuttgart Haupt- und Nebenfachstudierende der Pädagogik und der Psychologie im Rahmen von Lehrveranstaltungen über Testdiagnostik, Schülerbeurteilung und Gruppendynamik rasch und ökonomisch in die Technik und das grundlegende Begriffsinventar des Soziogramms einzuführen.

Das Programm wurde zwischenzeitlich auch erfolgreich im Bereich der Erwachsenenbildung eingesetzt, insbesondere in Management-Trainings-Seminaren sowie bei gruppendynamischen Übungen.

Es nimmt in der Regel sehr viel Zeit in Anspruch, ein Lehrprogramm zu entwickeln und zu prüfen. Dies gilt auch für das vorliegende Programm, welches seit seiner ersten rohen Konzeption im Jahre 1970 in mehreren Revisionsstufen grundlegende Änderungen erfuhr. Mein Dank gilt deshalb all jenen, welche durch ihre Kritik oder aktive Mitarbeit zur Gestaltung beigetragen haben, besonders Ursel Treiber und Fritz Corino, welche im Rahmen einer Seminarveranstaltung den ersten Rohentwurf des Programmtextes zusammen mit mir gestalteten sowie Ulrich Fleischmann, welcher mehrere Revisionen und die graphische Gestaltung besorgte. Mein Dank gilt auch Herrn Professor Dr. O. Heller, Würzburg, für viele Anregungen sowie Herrn Professor Dr. E. Roth, Salzburg, der dieses Lehrprogramm zu Prüfzwecken wiederholt in seinem Institut bearbeiten ließ.

Stuttgart, September 1976 *Wolf D. Oswald*

Zum Geleit

Der stärkere Einbezug soziologischer und sozialpsychologischer Erkenntnisse und Befunde in die pädagogische Forschung und Lehre hat die Einsicht wachsen lassen, daß Erziehung oder Sozialisation – wie es in der sozialwissenschaftlich orientierten Literatur auch heißt – sich nicht im personalen Bezug zwischen einem bereits „Erzogenen" und einem noch zu „Erziehenden" erschöpft, sondern daß zahlreiche andere Faktoren, geplanter und ungeplanter Art, diesen Prozeß positiv oder negativ beeinflussen. Besondere Aufmerksamkeit finden in diesem Zusammenhang unter anderem die von der Gruppe ausgehenden Einflüsse auf die Erziehung des Individuums. Als ein nicht unwesentlicher Beleg für diese Aussage erscheint mir die Aufnahme dieser Thematik in das weitverbreitete Funkkolleg Erziehungswissenschaft (1969), das sich den „Gruppenbeziehungen im Erziehungsprozeß" unmittelbar nach der Erörterung des „pädagogischen Verhältnisses" an hervorragender Stelle im ersten Kapitel zuwendet.
So bedeutsam nun die Rezeption der für die Erziehung relevanten Befunde der Kleingruppenforschung und die gruppenpädagogische Reflexion auch ist, nicht minder wichtig ist es, Verfahren kennenzulernen, die es ermöglichen, Gruppenbeziehungen und Gruppenstrukturen zu erfassen. Ein solches Verfahren stellt das Soziogramm dar, in welches das vorliegende Lehrprogramm einführt. Diese programmierte Einführung richtet sich zwar in erster Linie an angehende Lehrer, sie dürfte aber auch in der Erwachsenenbildung und Betriebspädagogik bei geringen Modifikationen durch den Lernenden selbst mit Nutzen eingesetzt werden können.

Karl-Heinz Sommer

I. Einführung in die Soziometrieforschung

Als soziometrische Techniken sind Verfahren der empirischen Sozialforschung bekannt, mit denen man zwischenmenschliche Beziehungen und Strukturen in sozialen Gruppen erfassen, zahlenmäßig und graphisch darstellen und analysieren kann. Die klassische Form dieser Methoden setzt sich aus „Wer – wählt-wen-Fragen“ zusammen und wird *J. L. Moreno* zugeschrieben, der mit seinem 1934 erschienenen Werk “Who shall survive?” den entscheidenden Anstoß zur umfassenden wissenschaftlichen Beschäftigung mit quantifizierenden und graphischen Veranschaulichungsmöglichkeiten der Beziehungsgeflechte aus Sympathie und Antipathie in sozialen Gebilden gab.
Schon vor *Moreno* veröffentlichte *R. Lochner* (1927) einen umfangreichen Beobachtungs- und Beschreibungskatalog für soziale Beziehungen innerhalb von Schulklassen, für welchen erstmals der Begriff *„Soziogramm“* benutzt wurde.
Als *Morenos* Verdienst kann es angesehen werden, allein durch Befragung der Probanden die Erfassung der sozialen Beziehungen innerhalb einer Gruppe oder Schulklasse ermöglicht zu haben, welche sich nach seiner Meinung in Anziehung oder Ablehnung als Ausdruck der gegenseitigen Sympathie bzw. Antipathie äußern sollten. Diese *„Wertschätzungen“* wurden durch Wahlverfahren ermittelt, in welchen die einzelnen Gruppenmitglieder in einer möglichst Ernstcharakter tragenden Wahlsituation (z. B. auf die Frage: „Neben wem möchtest Du sitzen?“) ihre Präferenzen äußerten. Als *„Soziogramm“* wurde die graphische Veranschaulichung dieser Wahlhandlungen bezeichnet.
Im Prinzip ist diese Technik bis heute die Grundlage aller soziometrischen Verfahren geblieben. Sie ist auch Grundlage des einführenden Lehrprogramms dieses Buches.
Die Bedeutung des Soziogramms resultiert u. a. aus der Tatsache, daß es mit einfachsten Mitteln bei einem minimalen Zeitaufwand hilft, intuitives Erfassen und zufällige Beobachtungen sozialer Geschehnisse und Sachverhalte durch sachlich fun-

dierte und nachprüfbare Fakten zu ersetzen. Neben der damit gegebenen Möglichkeit der Operationalisierung vieler Begriffe der Gruppendynamik, wie z. B. der Begriffe „Rangordnung", „Führer", „Abgelehnter" usw., liegt der besondere Wert des Soziogramms gerade für Lehrende darin, daß mit seiner Hilfe auf Hintergründe sozialbedingter Reaktionen und Verhaltensweisen von Schülern aufmerksam gemacht wird und

a. Aussagen über einzelne Gruppenmitglieder (z. B. die Stellung eines Schülers in einer Gruppe) ebenso ermöglicht werden, wie
b. Feststellungen über zwischenmenschliche Relationen (z. B. Sympathiebeziehungen innerhalb einer Klasse) und
c. Feststellungen über bestimmte Gruppencharakteristika (eine Klasse mit großem Zusammenhalt gegenüber einer Klasse mit geringem Zusammenhalt).

Einen ausführlichen Überblick über die heute vorhandenen Möglichkeiten der Soziometrie geben u. a. *Dollase* (1973) und *Engelmayer* (1973), weshalb die folgenden Ausführungen auf einige charakteristische Anmerkungen beschränkt bleiben können.*

Umfangreichen Darstellungen der letzten Zeit folgend*, lassen sich soziometrische Erhebungstechniken einteilen in Fragebogenverfahren, Beobachtungsverfahren und Aktionstests.

Bei *Aktionstests,* wie z. B. dem Autosoziogramm nach *L. Rössner* (1967), werden Gruppenmitglieder aufgefordert, ihre sozialen Beziehungen in Spielen, Handlungen oder an Tafeln darzustellen, mit dem Ziel, durch Selbstinterpretation der Gruppenbeziehungen die gegenseitigen Einstellungen therapeutisch zu verändern.

Reine *Beobachtungsverfahren* dagegen erfordern in der Regel einen sehr hohen Aufwand, deshalb werden sie nur relativ selten zur Analyse von Partnerbeziehungen eingesetzt, zumal sie meist auch andere Aspekte sozialer Beziehungen erfassen als soziometrische Befragungen im eigentlichen Sinne.

Das klassische Soziogramm, ein *Fragebogenverfahren,* welches Gegenstand dieser programmierten Einführung ist, läßt sich charakterisieren durch *eine* Fragestellung mit mehreren (in der Regel drei positiven und einer negativen) Wahlmöglichkeiten und graphischer Darstellung der ermittelten sozialen Beziehungen.

* Literaturangaben können den Empfehlungen in Kapitel IX entnommen werden.

Alle bisherigen Weiterentwicklungen stellen Modifikationen hiervon dar, z. B.

a. indem mehrere Wahlfragen eingeführt werden *(Bullis-Seelman)**,
b. zusätzliche Werturteile verlangt werden (*Wartegg,* 1948),
c. umweltbedingte Belastungsfaktoren in die rechnerische und graphische Darstellung mitaufgenommen werden (*Engelmayer,* 1952),
d. mehrstufige Urteile auf bipolaren Skalen (z. B. Einstufungen zwischen sympathisch-unsympathisch) ermöglicht werden oder
e. in multivariaten Ansätzen alle Gruppenmitglieder sich nach mehreren Kriterien beurteilen.

Es ist verständlich, daß die Beschränkung auf univariate Fragestellungen den Ansprüchen der modernen Gruppendynamik nicht mehr genügen kann, da inzwischen viele verschiedene Dimensionen der interpersonalen Wahrnehmung, Beurteilung und Interaktion als Bedingungen gruppendynamischer Prozesse nachgewiesen werden konnten. Die Berücksichtigung dieser Kenntnisse erfordert eine multivariat betriebene Soziometrie, zumindest zu Forschungszwecken, auch wenn mit Recht diskutiert wird, ob der erhebliche Mehraufwand das teilweise geringe Mehr an Information gegenüber einem Soziogramm nach *Moreno* rechtfertigt.

Dies gilt im Prinzip auch für die Mehrzahl aller entwickelten statistischen Kennwerte für soziometrische Ergebnisse (z. B. den Kennwert „Gruppenkohärenz" aus der Anzahl gegenseitig abgegebener Wahlen dividiert durch die Summe aller Wahlen in einer Gruppe), welche meistens mehr von Interesse für den Forscher als für den Praktiker sind.

Für letztere sind jedoch Vorschläge, durch Unterlegen einer Struktur (wie z. B. der Sitzordnung in einer Klasse, der altersmäßigen Gliederung, der auf konzentrischen Kreisen anzuordnenden Wahlhäufigkeiten usw.) eine leichtere Vergleichbarkeit zwischen verschiedenen Stichproben zu ermöglichen, von erheblicher praktischer Bedeutung, was leider viel zu selten berücksichtigt wird. In diesem Zusammenhang stellt sich auch die Frage, inwieweit Ergebnisse aus Soziogrammuntersuchungen prinzipiell miteinander vergleichbar sind und inwieweit diese Ergebnisse an üblichen testtheoretischen Kriterien wie *„Objektivität"*, *„Zuverlässigkeit"* und *„Gültigkeit"* gemessen werden

* Seelman 1952

dürfen*. Es stellt sich die Frage: Ist die Variation der Meßwerte, d. h. der Wahlhandlungen der Befragten einer Gruppe bei Befragungen zu unterschiedlichen Zeitpunkten der Unzulänglichkeit des Instrumentes Soziogramm anzulasten oder den zwischenzeitlich eingetretenen Veränderungen innerhalb der untersuchten Gruppe? Unterstellt man letzteres, so nimmt man an, daß die erhobenen Ergebnisse die tatsächlichen Verhältnisse innerhalb der Gruppe repräsentieren und somit Änderungen bei Wiederholung des Soziogramms nicht über die Güte des Verfahrens informieren, sondern nur als Ausdruck der natürlichen Variation der Interaktionen zwischen den Gruppenmitgliedern gedeutet werden können, somit testtheoretische Kriterien nicht anzuwenden wären.

Da die darüber geführte Diskussion bis heute zu keiner Einigung führte, ist anzunehmen, daß beide Standpunkte Berücksichtigung finden sollten.

Unterscheidet man zwischen *Durchführungs-, Auswertungs-* und *Interpretationsobjektivität**, so läßt sich zeigen, daß sowohl Durchführungs- als auch Auswertungsobjektivität in der Regel sehr hoch sind, am höchsten in multivariaten Ansätzen, daß jedoch die Interpretationsobjektivität eher unter großer Vertrautheit zwischen Testleiter und Probanden leidet. Wiederholungen des Soziogramms in Zeitspannen bis zu 2 Monaten zeigen, daß zwischen 50% und 80% der abgegebenen Wahlen konstant bleiben, was *Zuverlässigkeitskoeffizienten* bis zu r = .90 entspricht. Die Höhe der Zuverlässigkeit erweist sich dabei als abhängig vom Alter der Versuchspersonen, von der Dauer der Bekanntheit zwischen den Versuchspersonen, von der Relevanz des Wahlkriteriums für die Gruppe, von der Anzahl der Wahlmöglichkeiten und von der Größe der Gruppe.

Für das klassische testtheoretische Modell spricht dabei, daß die Zuverlässigkeitskoeffizienten mit zunehmender Gruppengröße ebenfalls zunehmen.

Unterscheidet man zwischen *„Statusstabilität“* (Wieviele Wahlen erhält jemand?) und *„Strukturstabilität“* (Wer wählt wen?), so findet man in der Regel höhere Statuszuverlässigkeiten bei geringeren Strukturzuverlässigkeiten.

Geht man davon aus, daß soziometrische Tests das konkrete Wahlverhalten wiederspiegeln, so sind die Ergebnisse logisch valide und eine Überprüfung der Validität würde sich erübrigen,

* Vgl. G. A. Lienert: Testaufbau und Testanalyse. Weinheim 1969.

beispielsweise bei der Frage „Neben wem möchtest Du sitzen?“. Beabsichtigt man jedoch Rückschlüsse auf das tatsächliche oder das künftige Verhalten innerhalb einer Gruppe bzw. Aussagen oder Vorhersagen etwa über den „Status“ einer Person, so lassen sich zwischen gewünschtem Kontaktverhalten bei jüngeren Kindern eher geringere, bei älteren Kindern eher höhere Zusammenhänge feststellen. Dies gilt auch für Beziehungen zwischen soziometrischem Status, Intelligenz und Schulerfolg.

Gerade wegen der praktischen Bedeutung im schulischen Bereich wird häufig übersehen, daß der eigentliche Untersuchungsgegenstand des Soziogramms, die Gruppe oder Schulklasse hinsichtlich der ihnen innewohnenden Dynamik noch viel zu wenig untersucht sind. Es ist deshalb nicht verwunderlich, daß bei einer über die reine Deskription hinausgehenden Interpretation soziometrischer Ergebnisse große Unsicherheit herrscht und je nach theoretischer Präferenz z. B. tiefenpsychologische, feldtheoretische oder lerntheoretische Interpretationsmöglichkeiten sich abwechseln.

Als problematisch und wenig berücksichtigt können auch die Anpassung der Fragestellung und Anweisung an das Alter der Versuchspersonen sowie der Zwang, eine vorgegebene Anzahl an Wahlen treffen zu müssen, angesehen werden. Je weniger restriktiv hier vorgegangen wird und je realistischer die Wahlhandlungen an den tatsächlichen Verhaltensweisen und Möglichkeiten der Befragten orientiert sind, mit desto zuverlässigeren Ergebnissen kann gerechnet werden.

Unter diesen Einschränkungen und Überlegungen betrachtet, erscheint eine soziometrische Untersuchung immer dann angezeigt, wenn man ohne großen Aufwand Informationen über eine Gruppe erhalten will, beispielsweise, wenn Mißstimmigkeiten in ihr auftreten, wenn sie umstrukturiert werden muß oder wenn in ihr viele Neuzugänge oder Abgänge zu verzeichnen sind.

Für solche Fragestellungen kommt dem Soziogramm bei aller methodischen und theoretischen Beschränktheit gegenüber anderen Verfahren allein schon wegen des geringen Aufwandes und seiner größeren direkten Gültigkeit eine erhebliche Bedeutung zu. Neben seinem diagnostischen Wert im raschen Erkennen möglicher Besonderheiten einer Gruppe, möglicher Spannungen und Schwierigkeiten zwischen den Mitgliedern, vermag das Soziogramm auch den wenig psychologisch Vorgebildeten zu therapeutischen Maßnahmen direkt und ohne große theoretische Erörterungen anzuregen, welche sogar mit

dem gleichen Instrument systematischen Überprüfungen unterworfen werden können. Da das Soziogramm gerade mit diesen Möglichkeiten nicht nur in der reinen Tatbestandsaufnahme stecken bleibt, kann ihm somit auch ein erzieherischer und bildender Wert kaum abgesprochen werden.
Allein die Tatsache, daß Soziogramme zum Nachdenken über Probleme innerhalb einer sozialen Gruppe anregen, bewirkt häufig Änderungen der Einstellungen von Lehrern und Vorgesetzten Problemfällen gegenüber, welche selbst als therapeutische Effekte angesehen werden können. Es wundert deshalb nicht, daß soziometrische Techniken trotz vieler ernstzunehmender Einwände und Einschränkungen sich seit nunmehr fast 40 Jahren einen festen Platz im Rahmen diagnostischer Bemühungen im Bereich der Schule, der Therapie und der Betriebspsychologie behaupten konnten.

II. Lernziele

Der Leser soll nach Bearbeitung des Lehrprogramms die wesentlichsten Prinzipien, Begriffe und Anwendungsmöglichkeiten des Soziogramms kennen. Er soll in der Lage sein, den Schlußtest zu bearbeiten, insbesondere soll er

- definieren können:
  die Begriffe Soziogramm, Außenseiter, Abgelehnter und Star,
- charakterisieren und zeichnen können:
  die fünf wichtigsten soziometrischen Grundformen,
- benennen können:
  Bedingungen für die Durchführung eines Soziogramms,
- tabellarisch und graphisch darstellen können:
  ein Soziogramm an Hand vorgegebener Befragungsergebnisse.

III. Gütekriterien

Das vorliegende Lehrprogramm wurde nach insgesamt zwei Revisionsphasen in seiner endgültigen Form an 274 Studenten der Psychologie und der Erziehungswissenschaften der Universität Erlangen–Nürnberg und der Universität Salzburg geprüft. Alle Schritte des Programms wurden von mindestens 95% der Bearbeiter auf Anhieb richtig gelöst.
Der Wissenszuwachs (Test A nach Programmbearbeitung minus Test A vor Bearbeitung) betrug in der Analysestichprobe 69.44%. Im Vortest wurden 3.77 (23.56%) aller Fragen im Durchschnitt richtig gelöst, im Nachtest 14.88 (= 93.0%).
Im Vortest konnte kein Bearbeiter Teil B des Tests lösen, im Nachtest wurde dieser Teil von 91.4% der Stichprobe vollständig und richtig gelöst.
Die durchschnittliche Bearbeitungszeit betrug 62.67 Minuten, sie variierte zwischen 50 und 83 Minuten.

IV. Programmierte Einführung in die Praxis des Soziogramms

1. Dieses Lehrprogramm soll Sie in die Technik der Durchführung und Auswertung von Soziogrammen einführen.

Es wurde hauptsächlich für Lehrer und Pädagogikstudenten entwickelt. Deshalb werden die meisten Beispiele aus dem Bereich der . . . . entnommen.

(Bitte freie Stelle ausfüllen. Die richtige Antwort finden Sie auf der nächsten Seite).

87. Untersuchungen haben gezeigt, daß die bloße Beobachtung nicht genügt, um die Beziehungen der Schüler zueinander zu ermitteln.
Dagegen erlauben das Soziogramm und ähnliche Methoden eine zuverlässige Darstellung der gegenseitigen Zu- und Abneigungen in überschaubaren Gruppen.

Wie man solch ein Soziogramm durchführt und auswertet, haben Sie in diesem Programm gelernt.

(Ende des Programms. Bitte bearbeiten Sie noch den Test auf S. 106).

Schule oder Pädagogik bzw. Erziehung

2. Eine Stammtischrunde ist eine kleine überschaubare Gruppe.

Auch eine Schulklasse ist eine (a) . . . . Gruppe.

In solchen Gruppen haben alle Mitglieder häufig Kontakt miteinander.

Aufgrund des (b) . . . . Kontaktes kennen sich alle Mitglieder.

Wenn man sich in einer Gruppe längere Zeit kennt, so bildet man sich auch über die anderen eine Meinung.

Diese Meinung kann positiv oder (c) . . . . sein.

(a) Abgelehnten
(b) Außenseiter

(a) überschaubare
(b) häufigen
(c) negativ

---

86. Das Soziogramm ermöglicht es dem Lehrer, Schüler, die nicht in den Klassenverband integriert sind, zu erkennen.

Diese Erkenntnis sollte Lehrer veranlassen, die Beziehungen der Klasse zum

(a) . . . . oder

(b) . . . . zu verbessern.

3. Eine negative Meinung über ein Gruppenmitglied stellt sich als Antipathie dar, eine positive als . . . .

z. B.:
(a) Nebeneinander sitzen wollen
(b) Gemeinsam in einer Gruppe arbeiten wollen

85. Nennen Sie bitte zwei Beispiele für solche Zielangaben!

(a)

(b)

Sympathie

4. Antipathie zeigt sich darin, daß ein Gruppenmitglied ein anderes ablehnt.

Lehnt ein Schüler einen anderen als Arbeitspartner ab, so kann

dies Ausdruck von . . . . sein.

---

sinngemäß:
. . . Zielangabe erhalten

84. Die Anlässe, um Sympathien und Antipathien zu ermitteln, dürfen nicht fadenscheinig sein.

Die Schüler müssen eine klare . . .

(Bitte vollenden Sie diesen Satz)

Antipathie

5. Wollen zwei Schüler gemeinsam Hausaufgaben erledigen, so zeigt sich darin ihre Sympathie.

Sympathie kann sich in dem Wunsch ausdrücken, etwas

. . . . unternehmen zu wollen.

Sinngemäß:
Von der Zielsetzung (bzw. Gruppenziel)

gemeinsam, miteinander oder zusammen

83. Wahlen innerhalb einer Gruppe bringen nicht immer konstante Ergebnisse. Sie sind abhängig . . . .

(Vollenden Sie bitte diesen Satz)

6. Georg wählt sich Hans im Schullandheim als Zimmernachbarn.

Seine Sympathie für Hans äußert sich in einer . . . . . handlung.

Diese Fragen waren natürlich nicht ernst gemeint.
Dennoch:
(d) ist richtig.

82. In diesem Programm ist auch der Begriff „Star“ gefallen.

Ist ein „Star“ in diesem Zusammenhang
(a) ein Singvogel?
(b) eine Augenkrankheit?
(c) ein berühmter Schauspieler?
(d) eine oft gewählte Person in einer Gruppe?

(Zutreffendes bitte ankreuzen)

Wahlhandlung

7. Mehrere Kinder spielen zusammen. Sie lassen dabei Karl nicht mitspielen.
Ist diese Entscheidung der Kinder eine Wahlhandlung?

ja/nein

(Bitte die richtige Antwort unterstreichen)

Der Außenseiter erhält weder positive noch negative Wahlen bzw. sehr wenige Wahlen.

81. Woran erkennen Sie im Soziogramm, daß ein Schüler ein Außenseiter ist?

Der Außenseiter erhält . . .

(Bitte vollenden Sie diesen Satz!)

Ja

8. Sympathie und Antipathie drücken sich also in Wahlhandlungen aus.

Der Kauf eines bestimmten Produktes im Supermarkt (bei gleichzeitigem Angebot mehrerer gleichartiger Produkte) ist

eine . . . .

(a) Paar:
Zwei Schüler wählen sich gegenseitig

(b) Dreieck:
Drei Schüler wählen sich gegenseitig

(c) Kette:
Mehrere Schüler sind durch einfache oder gegenseitige positive Wahlen verbunden.

80. Bitte charakterisieren Sie die Grundformen „Paar“, „Dreieck“ und „Kette“!

(a) Paar:

(b) Dreieck:

(c) Kette:

9. Maria hat das Ziel, in der Klassenarbeit gut abzuschneiden. Deshalb will sie sich neben die Klassenbeste setzen.

Diese Wahlhandlung ist bestimmt durch das . . . . der Schülerin, in der Klassenarbeit erfolgreich zu sein.

---

sinngemäß:

(a) Stern:
Viele Schüler wählen einen Schüler. Ein Schüler steht im Mittelpunkt vieler positiver Wahlen.

(b) Igel:
Viele Schüler lehnen einen Schüler ab. Ein Schüler steht im Mittelpunkt vieler negativer Wahlen.

79. Die Verteilung der positiven und negativen Wahlen führt zu bestimmten soziometrischen Grundformen.
Bitte charakterisieren Sie in Stichpunkten die soziometrischen Grundformen des „Sterns“ und des „Igels“.

(a) Stern:

(b) Igel:

Ziel, Interesse oder Bestreben

10. Der beste Fußballspieler wird zum Mannschaftsführer gewählt. Als Klassensprecher wird er nicht gewählt.

Das . . . . dieser Wahl ist es, eine gute Fußballmannschaft zu haben.

(a) graphische
(b) negativen
Wahlen
(c) Gruppe
(d) Sympathien
(e) Antipathien

78. Sie sind nun in der Lage, selbständig ein Soziogramm zu erstellen.

Unter einem Soziogramm versteht man die (a)

. . . . Darstellung der Verteilung der

positiven und (b) . . . .

innerhalb einer (c) . . . . . .

Diese Wahlen sind Ausdruck der (d) . . . .

und (e) . . . . in einer überschaubaren Gruppe.

Ziel

11. Häufig erhält man auch bei gleicher Gruppenzusammensetzung unterschiedliche Wahlergebnisse.

Diese sind abhängig von dem . . . . , das hinter dieser Wahl steht.

(a) Star
(b) Abgelehnter
(c) Außenseiter

77. In jeder Klasse gibt es Schüler, die entweder
a) viele positive
b) viele negative oder
c) keine Wahlen auf sich vereinigen.

Diese Schüler nennen wir

(a) . . . .

(b) . . . .

(c) . . . .

Ziel

12. Nicht nur Sympathie und Antipathie können für Wahlhandlungen ausschlaggebend sein, sondern immer auch die Leistung des Gruppenmitgliedes im Hinblick auf ein bestimmtes . . . .

Rand

76. Der Außenseiter stellt eine Randperson dar.

Er wird folglich auch im Soziogramm an den . . . . gezeichnet.

Ziel

13. Bei einer Wanderung wird nicht der sonst beliebteste Schüler zum Gruppenführer gewählt, sondern derjenige, der sich am besten im Gelände orientieren kann.

Entscheidend ist bei dieser Wahl die . . . . für die Gruppe.

A ist
Abgelehnter

B ist
Außenseiter

75. Welcher Schüler ist in diesem Beispiel Außenseiter, welcher Abgelehnter?

A ist . . . .

B ist . . . .

Leistung

14. Unterschiedliche Ziele, bei denen einmal der Schwerpunkt auf dem persönlichen Kontakt mit einem Gruppenmitglied liegt, zum anderen auf dessen Leistung, bedingen unterschiedliche Wahlergebnisse.

Bei der Wahl eines Klassensprechers ist seine

(a) . . . .

als Vertreter der Klasse maßgebend. Wählen Schüler einen Banknachbarn, so ist der gewünschte persönliche

(b) . . . . ausschlaggebend.

Außenseiter

(a) Leistung
(b) Kontakt

---

74. Solche Schüler bezeichnen wir forthin als Außenseiter.

Schülerin A hat keine positiven und keine negativen Wahlen erhalten. Wir bezeichnen sie daher als

. . . .

15. Zusammenfassung:

Eine kleine überschaubare Gruppe zeichnet sich dadurch aus,

daß jeder jeden (a) . . . . . . , d. h., daß jeder über jeden

eine (b) . . . . hat,

die sich in (c) . . . .

und (d) . . . . äußert.

Beides äußert sich in (e) . . . .,

die abhängig sind von bestimmten (f) . . . . . .

Außenseiter

(a) kennt
(b) Meinung
(c) Sympathie
(d) Antipathie
(e) Wahlhandlungen
(f) Zielen

---

73. In einem Soziogramm werden wir auch auf Schüler stoßen, die weder positive noch negative Wahlen bzw. sehr wenige Wahlen auf sich vereinigen.

Solche Schüler können wir Auß . . . . nennen.

16. Zur Ermittlung der Sympathiewahlen könnten wir z. B. die gezielte Frage stellen: „Neben wem möchtest Du sitzen?“. Wollen wir die Antipathiewahlen ermitteln, so könnten wir dementsprechend fragen:

„Neben wem möchtest Du . . . .?“

(Bitte formulieren Sie diese Frage zu Ende!)

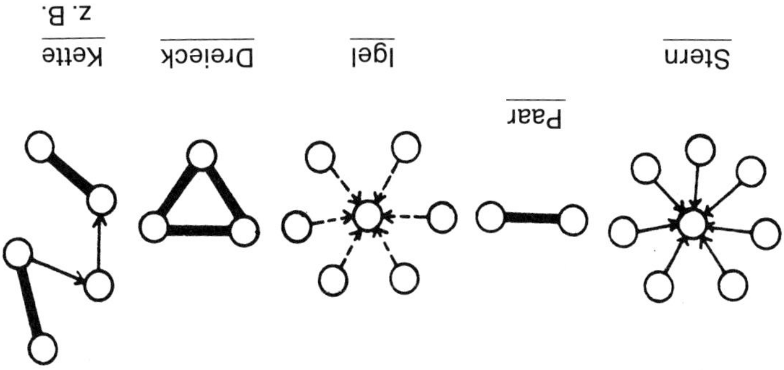

Sinngemäß:
„Neben wem möchtest Du nicht sitzen?“

---

72. Sie haben jetzt die wichtigsten soziometrischen Grundformen kennengelernt.

Nennen Sie diese fünf Grundformen und stellen Sie diese mit dem Symbol für Mädchen zeichnerisch dar!

17. Nennen Sie Beispiele für Wahlhandlungen, die aus Sympathie und solche, die aus Antipathie erfolgen.

7–8–2–10–3
bzw.
7–10–2–8–3

Sympathiewahlen:
z. B.: neben jemandem sitzen wollen; mit jemandem zusammenarbeiten wollen.
Antipathiewahlen:
z. B.: nicht neben jemandem sitzen wollen.

71. Suchen Sie bitte in unserem Soziogramm die Kette, die beim Schüler Nr. 7 beginnt, beim Schüler Nr. 3 endet und 5 Personen verbindet.

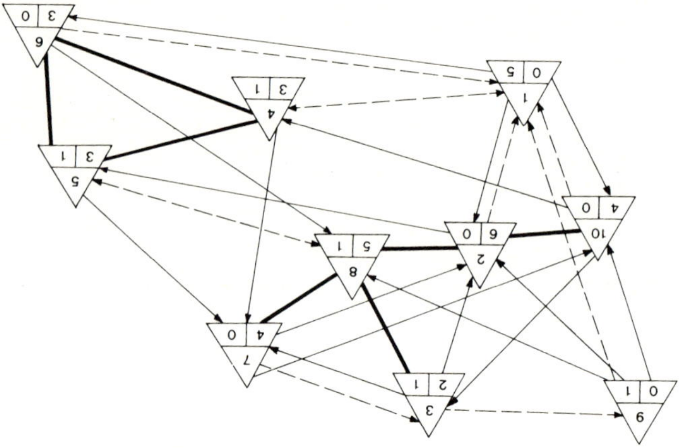

18. „Sympathie-Wahlen" bezeichnen wir forthin als positive Wahlen.

„Antipathie-Wahlen" als . . . . Wahlen.

Schüler Nr. 5

70. Sind mehrere Schüler untereinander durch einfache oder gegenseitige positive Wahlen miteinander verbunden, so nennen wir diese Grundform „Kette“.

Welcher Schüler gehört nicht zu dieser „Kette“?

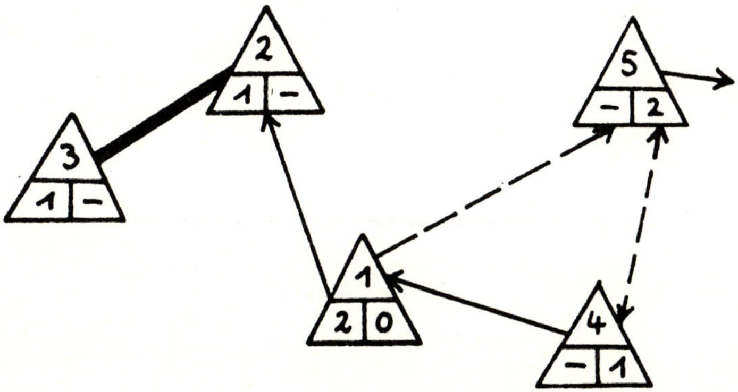

Nicht zur Kette gehört:

Schüler Nr. ______________ .

negative

19. Bei der Wahl des Klassensprechers kann jeder Schüler nur eine Wahl treffen.

Die Sympathie-Beziehungen werden aber sehr oberflächlich dargestellt, wenn jeder Schüler nur (a) . . . . wählen kann.

Um eine differenzierte Darstellung der Sympathien und Antipathien zu erhalten, ist es nötig, daß jeder Schüler

(b) . . . . Wahlen sowie positive und

(c) . . . . Wahlen treffen kann.

---

sinngemäß:
. . . müssen sich drei Personen gegenseitig positiv wählen.

(a) einmal
(b) mehrere (verschiedene) Wahlen
(c) negative

---

69. Die in Schritt Nr. 63 ermittelten Beziehungen stellen nicht die soziometrische Grundform des Dreiecks dar; denn in einem Dreieck . . . .

(Bitte führen Sie diesen Satz zu Ende!)

20. Als zweckmäßig haben sich drei positive und eine negative Wahl erwiesen.

Durch (a) . . . . positive und (b) . . . . negative Wahl werden die (c) . . . . und (d) . . . . zwischen den Mitgliedern einer Gruppe deutlich.

---

sinngemäß:
Schüler A und Schüler C, Schüler B und C wählen sich gegenseitig, während A und B sich ablehnen.

68. Bitte erläutern Sie folgendes Beispiel:

A und B: ______

A und C: ______

B und C: ______

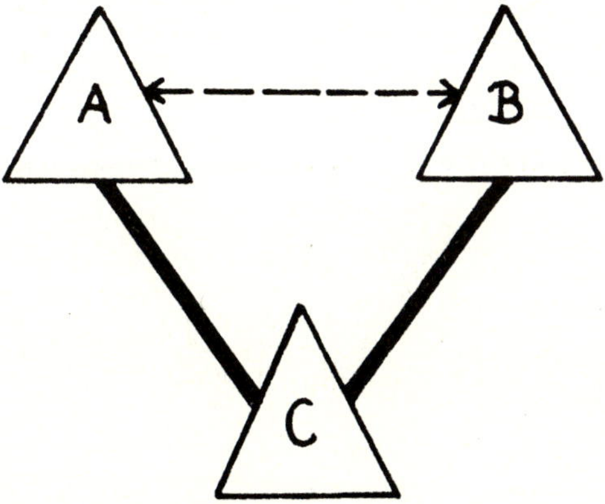

(a) drei
(b) eine
(c) Sympathien
(d) Antipathien

21. Der Lehrer kann also die Aufgabe stellen:
„Schreibe auf einen Zettel die Namen der drei Schüler, neben denen Du am liebsten sitzen möchtest und auch den Namen

jenes Schülers, neben welchem Du . . . . . sitzen möchtest!"

Zwischen
Nr. 4, 5, 6

67. Zwischen welchen Schülern besteht im Soziogramm eine Dreiecksverbindung?

Zwischen Nr. ________

____

____

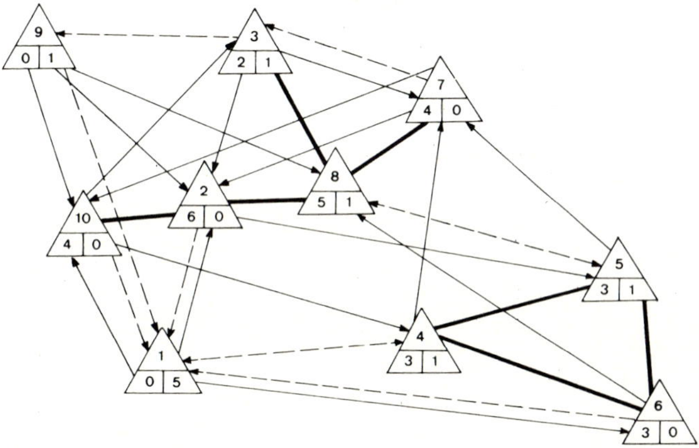

nicht
(auf keinen Fall)

22. Wenn Schüler nach positiven und nach negativen Wahlen befragt werden, so muß das Ziel dieser Befragung deutlich sein. Die Möglichkeit, sich Arbeitspartner für den Gruppenunterricht

zu wählen, ist ein eindeutiges (a) . . . . . , um Wahlen treffen zu können.

Auch die Aufforderung an Schüler, sich Banknachbarn auszu-

suchen, kann als (b) . . . . für Wahlhandlungen angesehen werden.

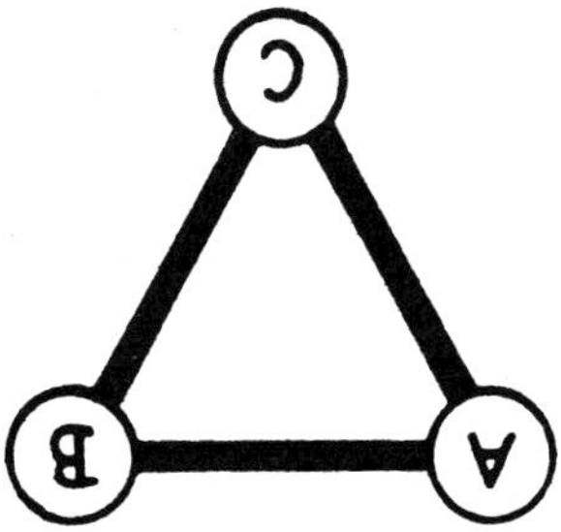

(a) Ziel (Möglichkeit)
(b) Ziel

66. Bitte erweitern Sie diese Paarbindung zur soziometrischen Grundform des Dreiecks.

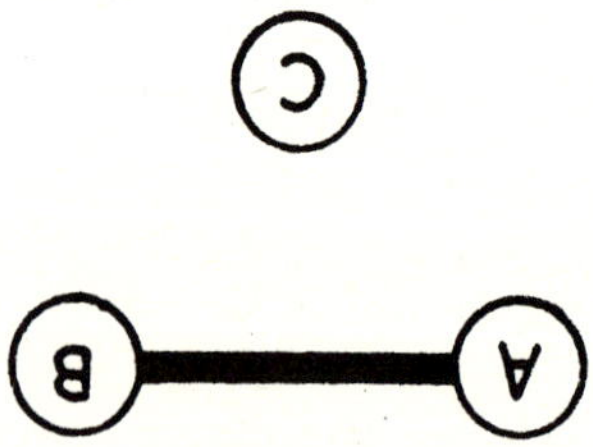

23. Nur bei genauer Zielangabe erhalten wir brauchbare Ergebnisse.

Fehlende Zielangabe kann das Ergebnis der Befragung

. . . .

(a) drei
(b) gegenseitig

sinngemäß:
verfälschen, unbrauchbar machen, negativ beeinflussen o. ä.

---

65. Gegenseitige Wahlen von 3 Schülern führen auch zur soziometrischen Grundform des Dreiecks!

Es ist dadurch gekennzeichnet, daß sich (a) . . . . . Schüler (b) . . . . wählen.

24. Nur bei genauer Zielsetzung können Schüler ihre Sympathien und Antipathien in positiven bzw.

(a) . . . .

(b) . . . . zum Ausdruck bringen.

---

nein

64. Nur wenn zwei Schüler sich gegenseitig wählen, sprechen wir von einem „Paar“.
Kann man das Verhältnis der Schüler Nr. 3 und Nr. 7 als Paarbildung bezeichnen?

ja/nein
(Richtige Antwort unterstreichen)

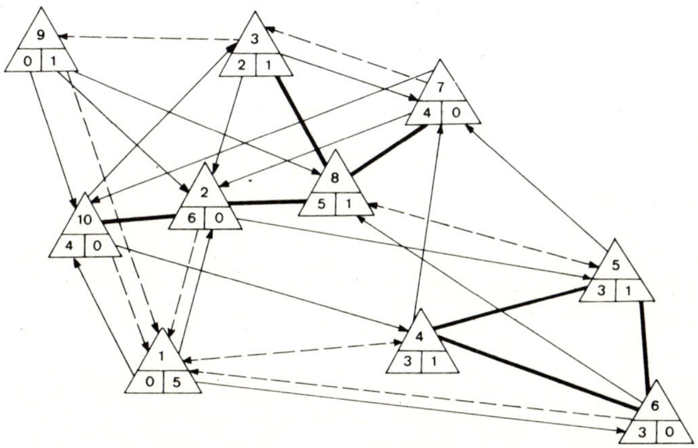

(a) negativen
(b) Wahlen

25. Die Ergebnisse, die wir aufgrund der Frage nach positiven und negativen Wahlen erhalten, werden im Soziogramm verarbeitet.

Im . . . . werden die positiven und negativen Wahlen graphisch veranschaulicht.

(a) 10–2
(b) 2–8
(c) 8–3
(d) 8–7
(e) 4–5
(f) 4–6
(g) 6–5

63. In unserem Soziogramm können wir mehrere gegenseitige Wahlen feststellen.
Wir sprechen in diesem Fall von Paarbildung.

Suchen Sie bitte die 7 Paare!

(a)
(b)
(c)
(d)
(e)
(f)
(g)

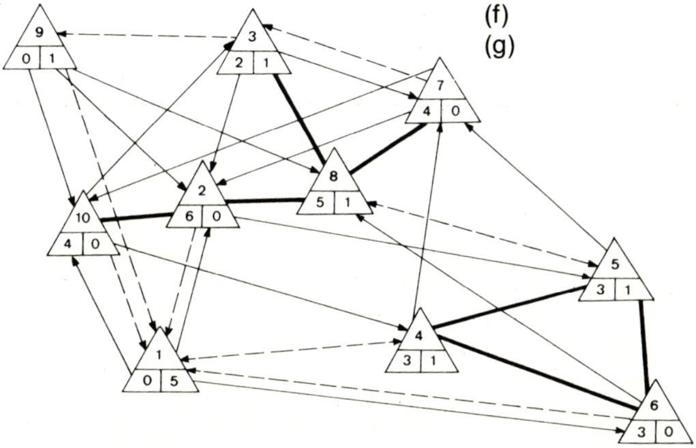

26. Um ein Soziogramm zeichnen zu können, muß man zunächst eine übersichtliche Tabelle aufstellen.

Aus der Tabelle muß ersichtlich werden, wen ein bestimmter Schüler wählt, und wie oft jeder Schüler gewählt wird.

Jeder ist zugleich

(a) . . . . und

(b) . . . .

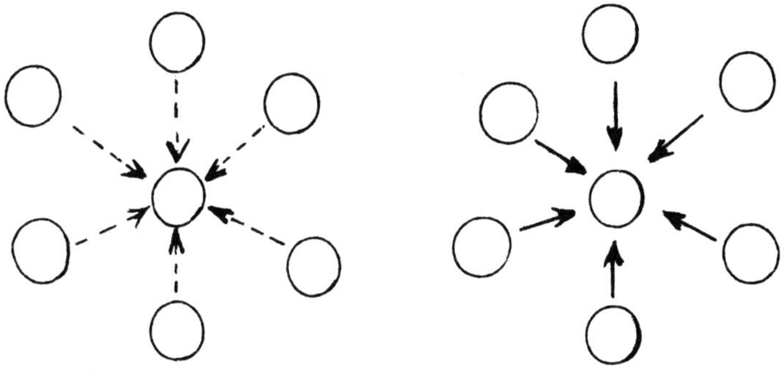

Igel

Stern

62. Nun haben Sie die soziometrischen Grundformen „Stern“ und „Igel“ kennengelernt.

Zeichnen Sie bitte beide schematisch mit den Symbolen für Schülerinnen!

(a) Stern

(b) Igel

(a) Wähler
(b) Gewählter

27. Hier sehen Sie das Muster einer Tabelle. Eine Tabelle besteht aus Zeilen und Spalten.

Die Zeilen verlaufen waagrecht, die (a) . . . . ver-

laufen (b) . . . .

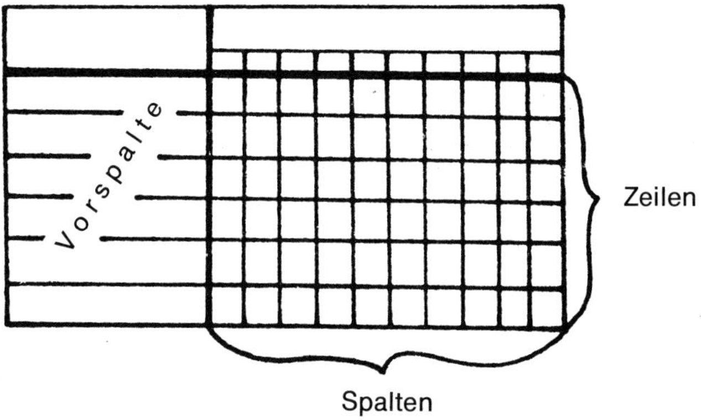

(a) Abgelehnten
(b) Sterns

(a) Spalten
(b) senkrecht

---

61. Der soziometrischen Grundform des „Igels“ entspricht die Stellung des (a) . . . .

Der Stellung des „Stars“ entspricht die soziometrische Grundform des (b) . . . .

28. Bezeichnen Sie bitte hier Zeilen und Spalten:

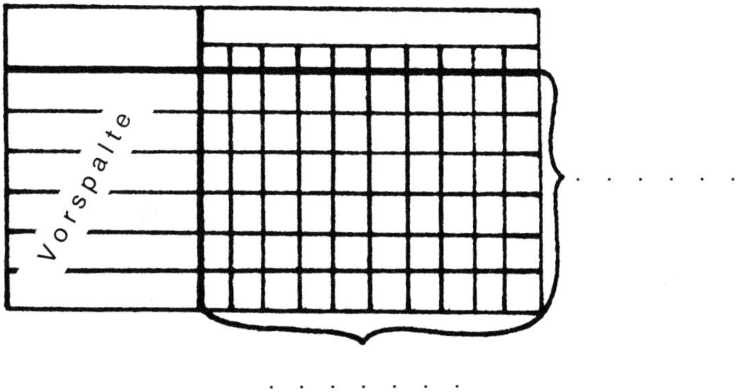

(a) Abgelehnten
(b) Igels

60. Der Abgelehnte erhält viele negative Wahlen.

Wenn wir keine negativen Wahlen zulassen, können wir keinen (a) . . . . ermitteln, wir finden also nicht die soziometrische Grundform des (b) . . . .

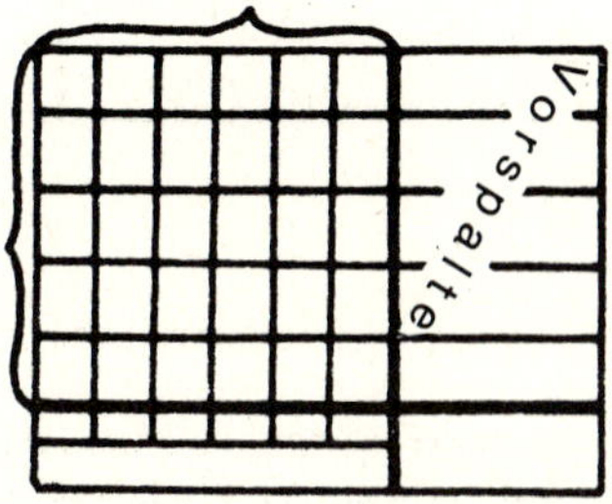

29. Vor den Zeilen steht die Vorspalte. In jede Zeile der Vorspalte schreiben wir den Namen eines Wählers.

Über die Vorspalte schreiben wir also:

. . . .					
Bauer, W.					
Huber, L.					
Maier, S.					
Müller, K.					
Schulze, M.					

Abgelehnte

59. Schüler Nr. 1 in unserem Beispielsoziogramm erhält nur negative Wahlen, er wird von den anderen abgelehnt.

Die negative Entsprechung zum „Star“ ist also der

. . . .

Wähler

30. Im folgenden finden Sie die Namen einer Reihe „Wähler“ aufgeführt. Bitte versehen Sie die Tabelle mit diesen Namen und der entsprechenden Überschrift.

Namen der Wähler: Bauer, H., Fischer, W., Huber, L., Maier, F., Müller, W., Ortner, P., Peters, V., Ringel, G., Röhrich, A., Schultz, W.

. . . .											
Bauer, H.											

Schüler
Nr. 1, 2, 4, 6, 9, 10

31. In der Vorspalte versehen wir die Namen der Schüler fortlaufend mit Nummern. Bitte ergänzen Sie die Tabelle entsprechend.

WÄHLER											
Bauer, H.	1										
Fischer, W.											
Huber, L.											
Maier, F.											
Müller, W.											
Ortner, P.											
Peters, V.											
Ringel, G.											
Röhrich, A.											
Schultz, W.											

58. Bitte benennen Sie die Schüler, die in unserem Soziogramm die soziometrische Grundform des Igels bilden.

Schüler Nr. _, _, _, _, _, _.

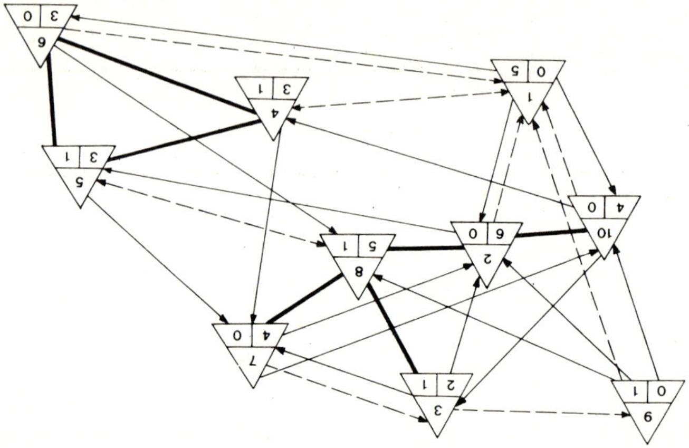

32. In der untenstehenden Tabelle sind die Schüler in den Zeilen als Wähler ausgewiesen. In den Spalten werden dieselben Schüler als Gewählte aufgeführt. Die Überschrift der Spalten muß also lauten: . . . .
Auch die Spalten müssen noch mit den Nummern der Schüler gekennzeichnet werden. Bitte vervollständigen Sie die Tabelle.

WÄHLER		. . . .									
Bauer, H.	1										
Fischer, W.	2										
Huber, L.	3										
Maier, F.	4										
Müller, W.	5										
Ortner, P.	6										
Peters, V.	7										
Ringel, G.	8										
Röhrich, A.	9										
Schultz, W.	10										

WÄHLER		GEWÄHLTE									
		1	2	3	4	5	6	7	8	9	10
Bauer, H.	1										
Fischer, W.	2										
Huber, L.	3										
Maier, F.	4										
Müller, W.	5										
Ortner, P.	6										
Peters, V.	7										
Ringel, G.	8										
Röhrich, A.	9										
Schultz, W.	10										

57. Sechs Schüler lehnen einen anderen ab.

Diese sieben Schüler bilden die soziometrische Grundform des

. . . . . .

33. Nehmen wir nun einmal einen fiktiven Wahlzettel zur Hand: z. B. habe der Schüler Nr. 2 den Schüler Nr. 4 gewählt. Diese Wahl wird im Schnittpunkt der Zeile 2 und der Spalte 4 mit einem Strich (I) gekennzeichnet.

WÄHLER		GEWÄHLTE					
		1	2	3	4	5	
Bauer, H.	1						
Fischer, W.	2				/		
Huber, L.	3						
Maier, F.	4						

Dies ist ein Beispiel für eine einfache positive Wahl. Lassen wir mehrere positive und negative Wahlen zu, so erhalten wir ein differenzierteres Bild von Sympathien und Antipathien.

Mehrfachwahlen werden entsprechend der einfachen Wahl in der Tabelle aufgeführt.
Bei drei Wahlmöglichkeiten z. B. gibt jeder Schüler (a) . . . .

Stimmen für (b) . . . . verschiedene Mitschüler ab.

Igel

(a) drei
(b) drei

---

56. Die soziometrische Grundform, die entsteht, wenn viele Schüler einen anderen ablehnen, nennen wir Igel.

Das Gegenstück zum Stern ist also der . . . . .

34. Tragen Sie bitte die im folgenden aufgeführten positiven Wahlen in die nebenstehende Tabelle ein.

Positive Wahlen: Nr. 1 wählt 2/6/10, Nr. 2 wählt 5/8/10, Nr. 3 wählt 2/7/8, Nr. 4 wählt 5/6/7, Nr. 5 wählt 4/6/7, Nr. 6 wählt 4/5/8, Nr. 7 wählt 2/8/10, Nr. 8 wählt 2/3/7, Nr. 9 wählt 2/8/10, Nr. 10 wählt 2/3/4

WÄHLER		GEWÄHLTE									
		1	2	3	4	5	6	7	8	9	10
Bauer, H.	1										
Fischer, W.	2										
Huber, L.	3										
Maier, F.	4										
Müller, W.	5										
Ortner, P.	6										
Peters, V.	7										
Ringel, G.	8										
Röhrich, A.	9										
Schultz, W.	10										

(a) Nr. 1

(b) 5 negative Wahlen

W Ä H L E R		G E W Ä H L T E									
		1	2	3	4	5	6	7	8	9	10
Bauer, H.	1		/				/				/
Fischer, W.	2					/			/		/
Huber, L.	3		/					/	/		
Maier, F.	4					/	/	/			
Müller, W.	5				/		/	/			
Ortner, P.	6				/	/			/		
Peters, V.	7		/						/		/
Ringel, G.	8		/	/				/			
Röhrich, A.	9		/						/		/
Schultz, W.	10		/	/	/						
Spaltensumme	(+)										

55. In dem Ihnen bereits bekannten Soziogramm finden Sie auch einen Schüler, der mehrere negative Wahlen auf sich vereinigt.

Nennen Sie Nummer und Anzahl der negativen Wahlen!

(a) Nummer des Schülers: ____________

(b) Anzahl der negativen Wahlen: ____________

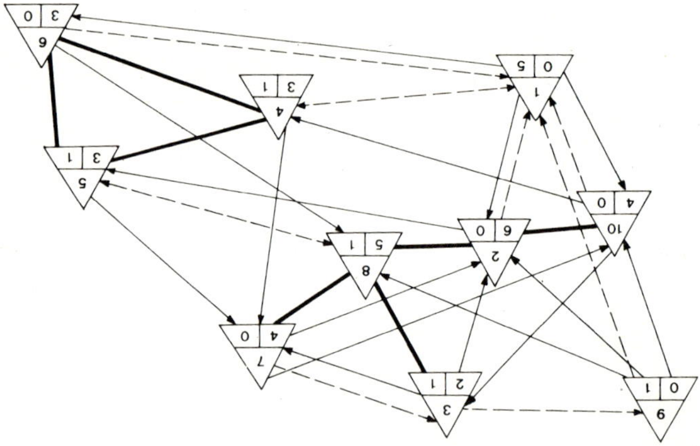

35. Wenn wir die Summe in jeder Spalte ermitteln, können wir feststellen, wie oft jeder Schüler gewählt wurde.

Bilden Sie in Schritt 34 die Summe jeder Spalte!

Star

WÄHLER		GEWÄHLTE									
		1	2	3	4	5	6	7	8	9	10
Bauer, H.	1		/				/				/
Fischer, W.	2					/			/		/
Huber, L.	3		/					/	/		
Maier, F.	4					/	/	/			
Müller, W.	5				/		/	/			
Ortner, P.	6				/	/			/		
Peters, V.	7		/						/		/
Ringel, G.	8		/	/				/			
Röhrich, A.	9		/						/		/
Schultz, W.	10		/	/	/						
Spaltensumme	(+)	0	6	2	3	3	3	4	5	0	4

54. Beliebte Schüler werden oft gewählt.

Ein Schüler, der viele positive Wahlen erhält, ist ein . . . . . .

36. In der Spaltensumme zeigt sich der Grad der Beliebtheit. Welcher Schüler ist der beliebteste, welcher der am wenigsten beliebte? (Vgl. die Tabelle auf Seite 86)

Der beliebteste Schüler ist (a) Nr. ______ mit (b) ______

. . . . Wahlen.

Die unbeliebtesten Schüler sind (c) Nr. ______ und ______

mit (d) . . . . Wahl.

(a) Stars

(b) 2, 3, 9, 10

53. Schülerin Nr. 5 hat in diesem – vereinfacht gezeichneten – Beispiel die Stellung des (a) . . . . . .

Die Schülerinnen Nr. (b) –, –, –, – gehören nicht zur Grundform des „Sterns“.

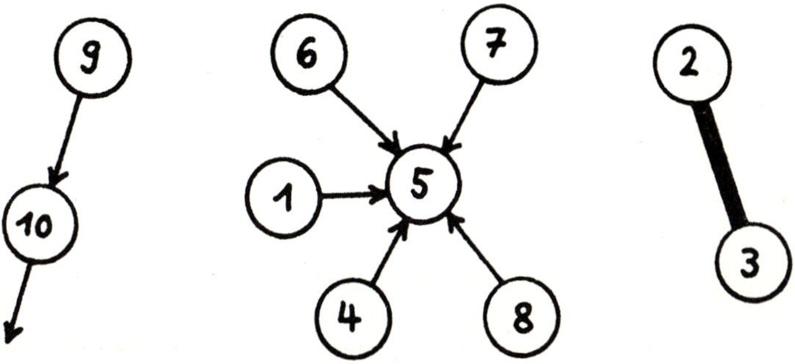

Der beliebteste Schüler ist (a) Nr. 2 mit (b) 6 positiven Wahlen.

Die am wenigsten beliebten Schüler sind (c) Nr. 1 und 9 mit (d) keiner positiven Wahl.

37. Auch negative Wahlen können in unsere Tabelle eingetragen werden. Negative Wahlen werden mit einem (–) notiert.

Bitte tragen Sie die angegebenen negativen Wahlen in die Tabelle ein und bilden Sie die negativen Spaltensummen.
Negative Wahlen: Nr. 1 lehnt ab Nr. 4, Nr. 2 lehnt ab Nr. 1, Nr. 3 lehnt ab Nr. 9, Nr. 4 lehnt ab Nr. 1, Nr. 5 lehnt ab Nr. 8, Nr. 6 lehnt ab Nr. 1, Nr. 7 lehnt ab Nr. 3, Nr. 8 lehnt ab Nr. 5, Nr. 9 lehnt ab Nr. 1, Nr. 10 lehnt ab Nr. 1

WÄHLER		GEWÄHLTE									
		1	2	3	4	5	6	7	8	9	10
Bauer, H.	1		/				/				/
Fischer, W.	2					/			/		/
Huber, L.	3		/					/	/		
Maier, F.	4					/	/	/			
Müller, W.	5				/		/	/			
Ortner, P.	6				/	/			/		
Peters, V.	7		/						/		/
Ringel, G.	8		/	/				/			
Röhrich, A.	9		/						/		/
Schultz, W.	10		/	/	/						
Spaltensumme	(+)	0	6	2	3	3	3	4	5	0	4
Spaltensumme	(-)										

(a) 2, 3, 7, 6, 9
(b) Stars

52. Auch Schüler Nr. 8 gehört zu einem „Stern“.
Bitte benennen Sie die anderen Mitglieder dieses „Sterns“:

(a) Die Schüler Nr. ______, ______, ______, ______, ______.

Schüler, die auffällig viele positive Wahlen erhalten, haben die Stellung des „Stars“.
Schüler Nr. 2 und Schüler Nr. 8 sind also (b) . . . . .

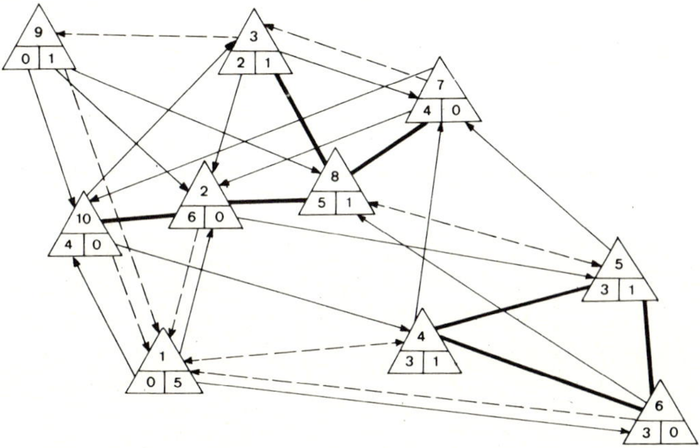

WÄHLER		GEWÄHLTE									
		1	2	3	4	5	6	7	8	9	10
Bauer, H.	1		/		–		/				/
Fischer, W.	2	–				/			/		/
Huber, L.	3		/					/	/	–	
Maier, F.	4	–				/	/	/			
Müller, W.	5				/		/	/	–		
Ortner, P.	6	–			/	/			/		
Peters, V.	7		/	–					/		/
Ringel, G.	8		/	/		–		/			
Röhrich, A.	9	–	/						/		/
Schultz, W.	10	–	/	/	/						
Spaltensumme	(+)	0	6	2	3	3	3	4	5	0	4
Spaltensumme	(-)	5	0	1	1	1	0	0	1	1	0

38. Anschaulicher als die Tabelle ist eine graphische Darstellung.
Die zeichnerische Darstellung der Verteilung der positiven und negativen Wahlen bezeichnet man auch als das eigentliche

„Sozio . . . . . .“.

Stern

51. Wenn viele Gruppenmitglieder ein bestimmtes Mitglied wählen, entsteht die soziometrische Grundform des „Sterns".

Mehrere Schüler wählen Schüler Nr. 2. Die so entstehende soziometrische Grundform nennen wir einen . . . . .

Soziogramm

39. Zur graphischen Darstellung der Ergebnisse benötigen wir bestimmte Symbole:

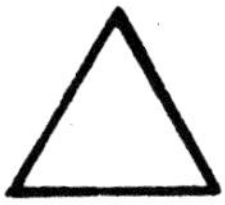

für Knaben

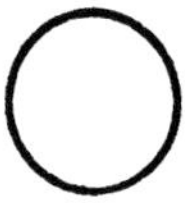

für . . . .

50. Im folgenden finden Sie die graphische Darstellung der von Ihnen angefertigten Tabelle (Schritt 34 bis 39).

Sicherlich werden Sie im ersten Augenblick etwas verwirrt sein. Beim näheren Hinsehen werden Sie einige auffällige Beziehungen entdecken: Besonders häufig wurde der Schüler Nr. 2 gewählt.
Welcher Schüler erhielt die zweitmeisten positiven Wahlen, und wieviele sind das?

Schüler Nr. ________ / ________ Wahlen.

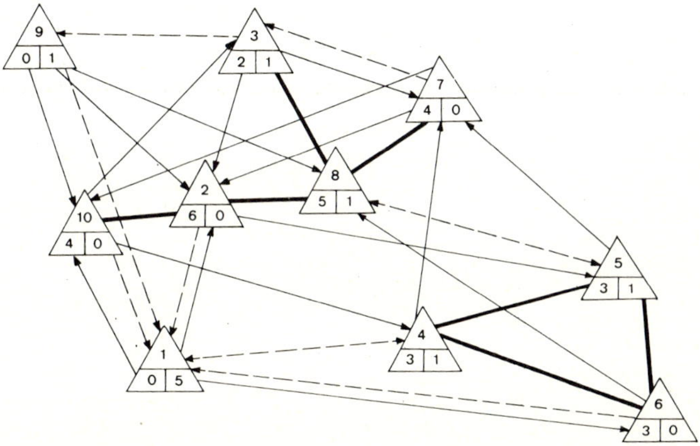

40. In das Symbol werden die Namen der Schüler bzw. eine Kennziffer und die Anzahl der positiven und negativen Wahlen eingetragen.

Für Mädchen also:

entsprechend für Knaben:

(a) Mitte
(b) Randposition

49. In einem Soziogramm stehen Schüler, die oft gewählt werden

in der (a) . . . . .,

Schüler, die selten oder nicht gewählt werden, nehmen eine

(b) . . . . ein.

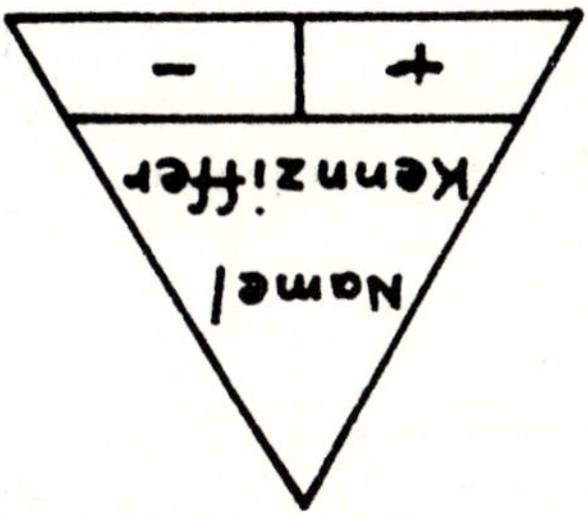

41. Stehen in einem Symbol unter dem Namen die Zahlen 5/1, so vereinigt der betreffende Schüler 5 positive und eine negative Wahl auf sich.
Bitte schlüsseln Sie dieses Symbol auf:

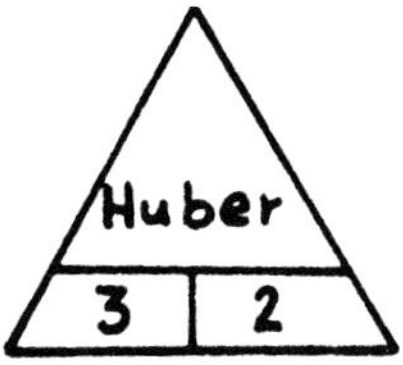

(a) Name des Schülers: . . . . . .

(b) Geschlecht: . . . .

(c) Positive Wahlen: ______

(d) Negative Wahlen: ______

Rand- oder Außenseiterposition

(a) Name des Schülers: Huber
(b) Geschlecht: männlich
(c) Positive Wahlen: 3
(d) Negative Wahlen: 2

---

48. Die übrigen Schüler gruppieren wir im Kreis um den oder die Meistgewählten. Je weniger Wahlen ein Schüler erhält, desto näher rückt er an den Rand der Zeichnung.

Ein Junge, der nie gewählt wurde, hat in der graphischen Darstellung eine . . . . position.

42. Auch die Beziehung zwischen den Wählern wird durch Symbole dargestellt.

Ein einfacher gerader Pfeil steht für eine einfache positive Wahl.

Bitte erklären Sie dieses Beispiel:

Mitte (ins Zentrum)

sinngemäß:
Schüler Maier – ohne positive und negative Wahl – wählt Schüler Fischer. Dieser hat somit eine positive Wahl.

---

47. Schüler, die viele Wahlen auf sich vereinigen, nehmen im Soziogramm eine zentrale Position ein.

Wir setzen sie daher in die . . . . . . unserer Zeichnung.

43. Für wechselseitige positive Wahlen verwenden wir einen breiten Strich: ▬▬▬▬▬

Bitte stellen Sie folgende Angaben zeichnerisch dar:
Schüler Müller und Schüler Bauer wählen sich gegenseitig.

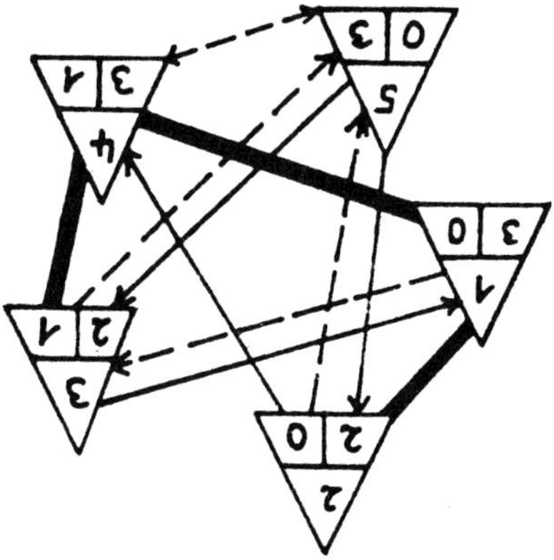

46. Sie kennen nun alle Symbole, um ein Soziogramm zeichnen zu können.

Bitte stellen Sie die im folgenden aufgeführte Tabelle von Schülerwahlen zeichnerisch dar.

WÄHLER		GEWÄHLTE				
		1	2	3	4	5
Büttner, K.	1		/	–	/	
Ranke, F.	2	/			/	–
Lange, M.	3	/			/	–
Pfister, C.	4	/		/		–
Zenger, E.	5		/	/	–	
Spaltensumme	(+)	3	2	2	3	0
Spaltensumme	(-)	0	0	1	1	3

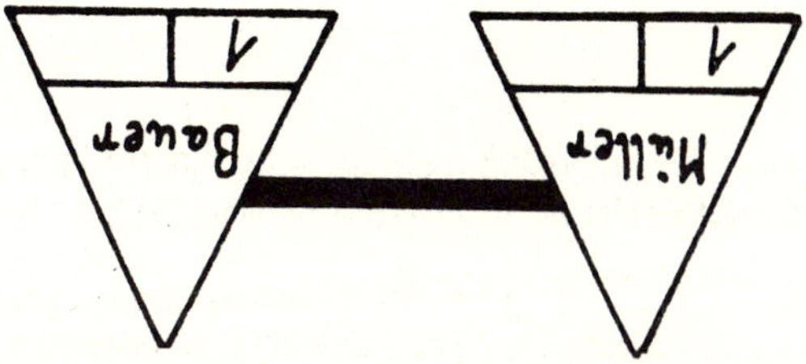

44. Eine einfache negative Wahl kennzeichnen wir durch einen gestrichelten Pfeil: – – – – →

Schüler Maier lehnt Schüler Bauer ab. Bitte stellen Sie dieses Beispiel zeichnerisch dar:

---

sinngemäß:
Schüler Maier und Schüler Bauer lehnen sich gegenseitig ab, haben somit je eine negative Wahl.

45. Dieses Symbol: ← — — — →
steht für eine gegenseitige negative Wahl.

Bitte erläutern Sie das folgende Beispiel:

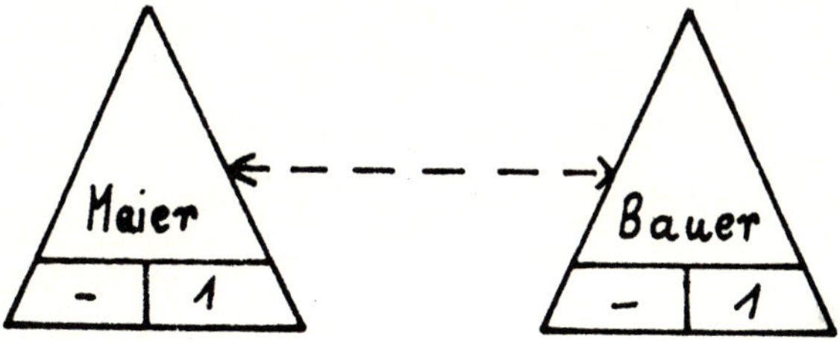

Schritt 45

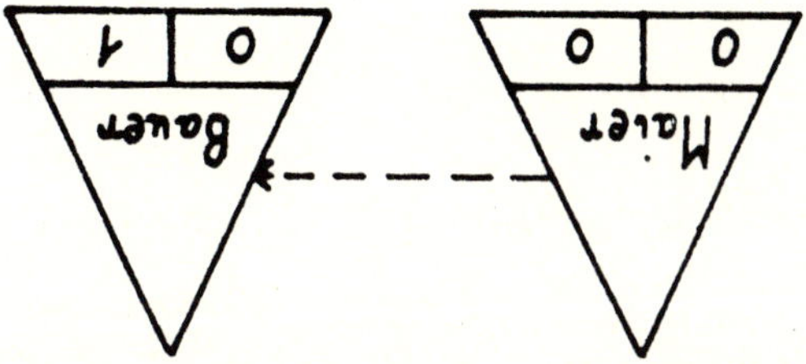

V. Test A

Bitte beantworten Sie nach Bearbeitung des Lehrprogramms die folgenden Fragen:

1. Was versteht man unter einem „Soziogramm“?

2. Unter welchen zwei Voraussetzungen läßt sich ein Soziogramm erstellen?

   a.

   b.

3. Nennen und zeichnen Sie die fünf wichtigsten soziometrischen Grundformen:

Name	Zeichnerische Darstellung
a.	
b.	
c.	
d.	
e.	

4. Was versteht man soziometrisch unter einem . . .?

a. „Außenseiter“:

b. „Abgelehnten“:

c. „Star“:

Nach Beantwortung dieser Fragen können Sie Ihre Antworten auf Seite 110 überprüfen.

VI. Test B

Auf die Aufforderung, „Schreiben Sie auf einen Zettel die Namen jener zwei* Mitschüler, mit welchen Sie gerne zusammenarbeiten möchten und auch den Namen des Mitschülers, mit welchem Sie weniger gerne zusammenarbeiten!“, erhielt man in einer Arbeitsgruppe der Kollegstufe eines Gymnasiums die folgenden Ergebnisse:

Positive Wahlen:

Andreas Müller wählt Heike Schmidt und Robert Hensel,
Barbara König wählt Jürgen Eichhammer und Andreas Müller,
Heike Schmidt wählt Robert Hensel und Jürgen Eichhammer,
Robert Hensel wählt Thomas Horn und Andreas Müller,
Jürgen Eichhammer wählt Heike Schmidt und Barbara König,
Thomas Horn wählt Robert Hensel und Barbara König.

Negative Wahlen:

Andreas Müller lehnt Barbara König ab,
Barbara König lehnt Heike Schmidt ab,
Heike Schmidt lehnt Barbara König ab,
Robert Hensel lehnt Jürgen Eichhammer ab,
Jürgen Eichhammer lehnt Robert Hensel ab,
Thomas Horn lehnt Andreas Müller ab.

Bitte erstellen Sie hierzu auf den folgenden Seiten die entsprechende Tabelle und das gezeichnete Soziogramm.

* In kleineren Gruppen (unter 15 Mitgliedern) empfiehlt es sich, nur zwei positive Wahlen zuzulassen, da sonst möglicherweise eigentlich bereits als negativ einzustufende Gruppenmitglieder um der Fragestellung willen noch als positiv eingestuft werden.

a. Tabellarische Darstellung des Soziogramms:

b. Graphische Darstellung des Soziogramms:

VII. Lösungen zu Test A

1. Unter einem Soziogramm versteht man die tabellarische und meist auch graphische Darstellung aller positiven und negativen Wahlen zwischen den Mitgliedern einer Gruppe bezüglich eines bestimmten Zieles.

2. Ein Soziogramm läßt sich immer dann erstellen, wenn Sie a. eine kleine bzw. überschaubare Gruppe mit häufigen Kontakten zwischen den Mitgliedern hinsichtlich b. eines bestimmten Zieles befragen können.

3. Die fünf wichtigsten soziometrischen Grundformen sind:

a. Stern 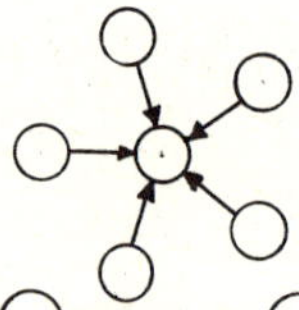

b. Paar 

c. Dreieck 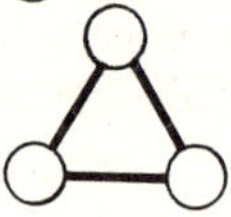

d. Kette 

e. Igel 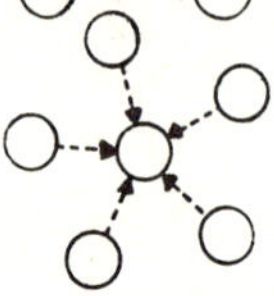

4. Soziometrisch versteht man unter einem
a. „Außenseiter“ ein Gruppenmitglied, welches weder positive noch negative Wahlen bzw. relativ zu den anderen Gruppenmitgliedern gesehen sehr wenige Wahlen auf sich vereinigen konnte,
b. „Abgelehnten“ ein Gruppenmitglied, welches nur negative Wahlen bzw. relativ zu den anderen Gruppenmitgliedern gesehen sehr viele negative Wahlen auf sich vereinigte,
c. „Star“ ein Gruppenmitglied, welches nur positive Wahlen bzw. relativ zu den anderen Gruppenmitgliedern gesehen sehr viele positive Wahlen auf sich vereinigen konnte.

VIII. Lösungen zu Test B

a. Tabellarische Darstellung des Soziogramms:

Wähler		Gewählte					
		1	2	3	4	5	6
Andreas Müller	1		–	I	I		
Barbara König	2	I		–		I	
Heike Schmidt	3		–		I	I	
Robert Hensel	4	I				–	I
Jürg. Eichhammer	5		I	I	–		
Thomas Horn	6	–	I		I		
Spaltensumme	(+)	2	2	2	3	2	1
Spaltensumme	(–)	1	2	1	1	1	–

b. Graphische Darstellung des Soziogramms:

(Da stets mehrere graphische Anordnungen möglich sind, genügt es, wenn Ihre Darstellung im Prinzip mit der folgenden übereinstimmt.)

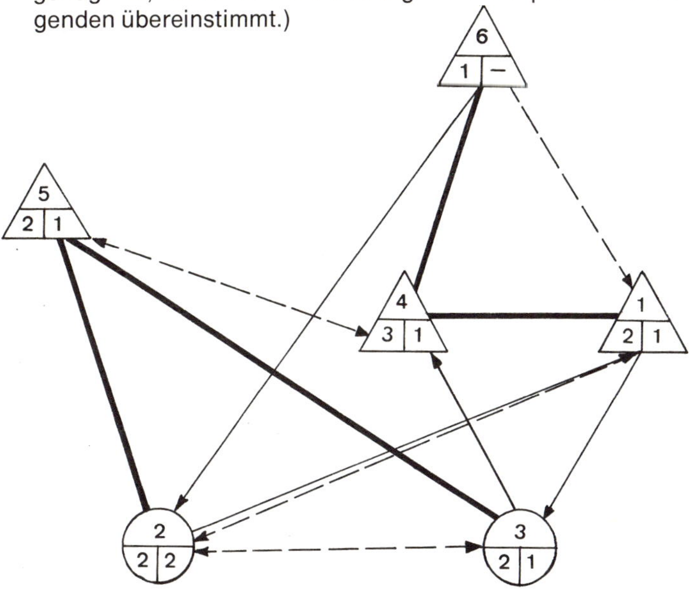

IX. Literaturempfehlungen

Knappe Einführungen in das Soziogramm nach Moreno – wie es in diesem Lehrprogramm dargestellt wurde – können den beiden folgenden Publikationen entnommen werden, welche auch vertiefende Hilfen zur Interpretation der Ergebnisse anbieten:

Walter Cappel: Das Kind in der Schulklasse. Weinheim 1971 (5. Auflage; Verlag Julius Beltz, Beltz Bibliothek),
Otto Engelmayer: Das Soziogramm in der modernen Schule. München 1973 (6. Auflage; Verlag Chr. Kaiser).

Vertiefende Informationen über Modifikationen und Weiterentwicklungen des Verfahrens sowie über den derzeitigen Diskussionsstand der Probleme, Grenzen und Schwierigkeiten soziometrischer Techniken dagegen ermöglichen:

Eberhard Elbing: Das Soziogramm der Schulklasse. München 1975 (5. Auflage; Ernst Reinhardt Verlag),
Rainer Dollase: Soziometrische Techniken. Weinheim 1973 (Verlag Julius Beltz, Beltz Monographie),
Hans-Peter Krüger: Soziometrie in der Schule. Weinheim 1976 (Verlag Julius Beltz, Beltz Studienbuch).

In den aufgeführten Werken findet sich auch eine umfassende Darstellung der einschlägigen Literatur, auf welche im Rahmen dieser knappen Empfehlungen verzichtet werden mußte.